Marginales 112

Nuevos textos sagrados
Colección dirigida por
Antoni Marí

Claudio Rodríguez

CASI UNA LEYENDA

1.ª edición: mayo 1991
2.ª edición: noviembre 1991

© Claudio Rodríguez, 1991

Diseño de la colección: Clotet-Tusquets
Diseño de la cubierta: MBM
Reservados todos los derechos de esta edición para
Tusquets Editores, S.A. - Iradier, 24 - 08017 Barcelona
ISBN: 84-7223-374-x
Depósito legal: B. 36.366-1991
Impresión: Grafos S.A. - Zona Franca, sector C, calle D 36
08040 Barcelona
Impreso en España

INDICE

CASI UNA LEYENDA

Calle sin nombre, *11*

DE NOCHE Y POR LA MAÑANA
Revelación de la sombra, *17*
La mañana del búho, *19*
Nocturno de la casa ida, *23*
Nuevo día, *31*
Manuscrito de una respiración, *33*

INTERLUDIO MAYOR
El robo, *39*

DE AMOR HA SIDO LA FALTA
«The Nest of Lovers», *51*
Momento de renuncia, *55*
Lamento a Mari, *59*
Con los cinco pinares, *61*

SEGUNDO INTERLUDIO DE ENERO
Un brindis por el seis de enero, *65*
Balada de un treinta de enero, *67*

NUNCA VI MUERTE TAN MUERTA
Los almendros de Marialba, *73*
Sin epitafio, *77*
El cristalero azul, *79*
Solvet Seclum, *81*
Secreta, 85

CASI UNA LEYENDA

CALLE SIN NOMBRE

I

¿Y no hay peligro, salvación, castigo,
maleficio de octubre
tras la honda promesa de la noche,
junto al acoso de la lluvia que antes
era secreto muy fecundo y ahora me está lavando
el recuerdo, sonando sin lealtad,
enemiga serena en esta calle?
¿Y la palpitación oscura del destino,
aún no maduro hoy?
Oigo la claridad nocturna y la astucia del viento
como sediento y fugitivo siempre.
Pero ¿dónde está, dónde
ese nido secreto de alas amanecidas
de golondrinas?
Alguien me llama desde
estas ventanas esperando el alba,
desde estas casas transparentes, solas,
con destello y ceniza
y con la herencia de sus cicatrices mientras

esta puerta cerrada se hace música
esperando una mano que la abra
sin temor y sin polvo. ¿Y dónde los vecinos?

II

Está ya clareando.
Y cuando las semillas de la lluvia
fecundan el silencio y el misterio,
la espuma de la huella
sonando en inquietud, con estremecimiento,
como si fuera la primera vez
entre el aire y la luz y una caricia,
ya no importan como antes,
el canto vivo en forja
del contorno del hierro en los balcones,
las tejas soleadas
ni el azul mate oscuro
del cemento y del cielo.
La calle se está alzando. ¿Y quién la pisa?
¿Hay que dejar que el paso, como el agua,
se desnude y se lave
algunas veces seco, ágil o mal templado;
otras veces, como ahora
tan poco compañero, sin entrega ni audacia,

caminando sin rumbo y con desconfianza
entre un pueblo engañado, envilecido,
con vida sin tempero,
con libertad sin canto?

Me está hablando esta acera como un ala
y esta pared en sombra que me fija y me talla
con la cal sin tomillo y sin vuelo sin suerte
la juventud perdida. Hay que seguir. Más lejos…
Y voy de puerta en puerta
calle arriba y abajo
y antes de que me vaya
quiero ver esa cara ahí a media ventana,
transparente y callada
junto al asombro de su intimidad
con la cadencia del cristal sin nido
muy bien transfigurada por la luz,
por el reflejo duro de meseta,
con pudor desvalido,
asomada en silencio y aventura.
Quiero ver esa cara. Y verme en ella.

III

Ha amanecido. Y cada esquina canta,
tiembla recién llovida. Están muy altos
el cemento y el cielo.
Me está llamando el aire con rutina,
sin uso.
El violeta nuevo de las nubes
vacila, se acobarda. Y muy abiertas
vuelan las golondrinas y la ciudad sin quicios,
el bronce en flor de las campanas. ¿Dónde,
dónde mis pasos?
Tú no andes más. Di adiós.
Tú deja que esta calle
siga hablando por ti, aunque nunca vuelvas.

DE NOCHE Y POR LA MAÑANA

REVELACION DE LA SOMBRA

Sin vejez y sin muerte la alta sombra
que no es consuelo y menos pesadumbre,
se ilumina y se cierne
cercada ahora por la luz de puesta
y la infancia del cielo. Está temblando,
joven, sin muros, muy descalza, oliendo
a alma abierta y a cuerpo con penumbra
entre los labios de la almendra, entre
los ojos del halcón, la nube opaca,
junto al recuerdo ya en decrepitud,
y la vida que enseña
su oscuridad y su fatiga,
su verdad misteriosa, poro a poro,
con su esperanza y su polilla en torno
de la pequeña luz, de la sombra sin sueño.
¿Y dónde la caricia de tu arrepentimiento,
fresco en la higuera y en la acacia blanca,
muy tenue en el espino a mediodía,
hondo en la encina, en el acero, tallado casi en curva,

en el níquel y el cuarzo,
tan cercano en los hilos de la miel,
azul templado de ceniza en calles,
con piedad y sin fuga en la mirada,
con ansiedad de entrega?

Si yo pudiera darte la creencia,
el poderío limpio, deslumbrado,
de esta tarde serena...
¿Por qué la luz maldice y la sombra perdona?
El viento va perdiendo su tiniebla madura
y tú te me vas yendo
y me estás acusando,
me estás iluminando. Quieta, quieta.
Y no me sigas y no me persigas.
Ya nunca es tarde. ¿Pero qué te he hecho
si a ti te debo todo lo que tengo?
Vete con tu inocencia estremecida
volando a ciegas, cierta,
más joven que la luz. Aire en mi aire.

LA MAÑANA DEL BUHO

Hay algunas mañanas
que lo mejor es no salir. ¿Y adónde?
La semilla desnuda, aquí, en el centro
de la pupila en plena
rotación
hacia tanta blancura repentina
de esta ola sin ventanas
cerca de la pared del sueño entre alta mar
y la baja marea,
¿hacia dónde me lleva?
¡Si lo que veo es lo invisible, es pura
iluminación,
es el origen del presentimiento!
Es este otoño de madera y de ecos
de olivo y abedul
con la rapacidad del ala lenta
ladeando y girando,
con vuelo viejo avaro de la noche,
con equilibrio de la pesadilla,

con el pico sin cera, sin leche y sin aceite,
y el plumaje sin humo, la espuma que suaviza
la saliva, la sal, el excremento
del nido... Hay un sonido
de altura, moldeado
en figuras, en vaho
de eucalipto. No veo, no poseo.
¿Y esa alondra, ese pámpano
tan inocentes en la viña ahora,
y el vencejo de leña y de calambre,
y la captura de la liebre, el nácar
de amanecida y la transparencia
en pleamar naranja de la contemplación?

¿Y todo es invisible? ¡Si está claro
este momento traspasado de alba!
Este momento que no veré nunca.
Esta mañana que no verá nadie
porque no está creada,
esta mañana que me va acercando
al capitel y al nido.
¿Y este aleteo sin temor ni viento,
la epidemia, el mastín y la crisálida
con la luz de meseta?
Cómo cantaba mayo en la noche de enero.
Junto al relieve y el cincel, la lima
y el buril hay ciudad,

mano de obra y secreto en cada grieta
de la oración y de la redención,
y la temperatura de la piedra
orientada hacia el este
con una ciencia de erosión pulida,
de quietud de ola en vilo, de aventura
que entra y sale a la vez. Ahí las escenas
de historia, teología, fauna, mitos
y la ley del granito, poro a poro,
su cicatriz en cada veta ocre,
el rito de la lágrima
en riesgo frío y cristalino en lluvia
y con el girasol que ya se lava
entre el búho y la virgen.
No hay espacio ni tiempo: el sacramento
de la materia.

¿Y qué voy a saber si a lo mejor mañana
es nuevo día?
Cuánta presencia que es renacimiento,
y es renuncia, y es ancla
del piadoso naufragio
de mi ilusión de libertad, mi vuelo…
Adivinanza, casi pensamiento
junto al hondo rocío
del polvo de la luz, del misterio que alumbra
este aire seguro,

esta salud de la madera nueva
y llega germinando
hasta el néctar sin prisa, bien tallado
en la jara quemada.
Es la gracia, es la gracia, la visión,
el color del oráculo del sueño,
la nerviación de la hoja del laurel,
la locura de la contemplación
y cuántas veces maldición, niñez,
sonando en cada ala con sorpresa.
¡El manantial temprano y el lucero
de la mañana!
Y el placer, la lujuria, el ruin amparo
de la desilusión, el roce
de mis alas pesadas, tan acariciadoras,
casi entreabiertas cuando
ya no hay huida ni aún conocimiento
antes de que ahora llegue
el arrebol interminable... ¡Día
que nunca será mío y que está entrando
en mi subida hacia la oscuridad!
¿Viviré el movimiento, las imágenes
nunca en reposo
de esta mañana sin otoño siempre?

NOCTURNO DE LA CASA IDA

Es la hora de la puesta,
cuando el olor del viento de levante
está perdiendo intimidad, y apenas
si una cadencia a pino joven, a humo
de caserío, a heno,
a luz muy poco amiga
que está perdiendo poco a poco su alma
entre codicia y libertad en torno
a las nubes de falsa platería,
y mis pies destemplados
andando antes de tiempo
en la sublime soledad, en la alta
sequía, este olor claro
me orienta y da...

Estoy llegando tarde. Es lo de siempre.
Llega el deseo de la claridad,
del silencio maldito ya muy cerca
como aleteo en lunación de alba.

Y no hay manera de salvar la vida.
Y no hay manera de ir donde no hay nadie.

Voy caminando a sed de cita, a falta
de luz.
Voy caminando fuera de camino.
¿Por qué el error, por qué el amor y dónde
la huella sin piedad?
Ahora que estoy mirando el cielo verdadero
aquí, a la vuelta
de esta calle, ¿qué pasa?
¡Si se me cae encima como entonces
y lo que era infinito y aventura
y la velocidad de la inocencia
y el resplandor de lo que fue prodigio
y que me dio serenidad y ahora
tanta alegría prisionera!... Quiero
sostenerlo un momento, levantarlo
con la mirada, hasta
con la respiración, con el latido,
cielo a cielo,
vida a vida.

Se está haciendo de noche. Y qué más da.
Es lo de siempre pero todo es nuevo.
Tiembla como un sagrado
rocío, ya muy lejos

de los sentidos.
Hay un suspiro donde ya no hay aire,
hay un secreto haciéndose más claro
entre maldad de cuna y la primicia
del trébol de esta noche
de San Juan, la más clara
del año: la naranja
de junio.

Y las estrellas de blancura fría
en el espacio curvo
de la gravitación, y la temperatura,
las leyendas de las constelaciones,
la honda palpitación del cielo entero
y su armonía sideral y ciencia,
están entrando a solas
con un dominio silencioso y bello,
vívido en melodía
en esta casa.
Está entrando la noche, está sonando
en cada grieta, en cada fisura,
en el ladrillo bien cocido a fuego,
en la pared con fruto con tensión hueca en temple,
en la arena del cuarzo,
en la finura de la cal, el yeso,
el hormigón traslúcido,
la arcilla ocre con el agua dentro,

el hierro dulce...
Es la desconfianza en la materia.
Es la materia lejos de los hombres
que no se hace a sí misma y se está haciendo.
Es la materia misma la que miente
como la avena loca del recuerdo,
como el delirio del cristal nocturno,
las ventanas del cielo,
presentimiento de la soledad.

Ven noche mía, ven, ven como antes
vivifica y deslumbra
tanto tiempo.
¿Dónde el crisol sin lúpulo
del horno de la oración, de la ofrenda y del rito?
¿Dónde el cielo recién aparecido
y recién sorprendido
por las estrellas que son siempre jóvenes?
Pero ya sin destino ahora mi cuerpo,
aún muy al filo de la media luz,
pierde armonía.
Y esta casa es un templo como la noche abierta
en música y en cruz,
la vibración del tallo del almendro,
la piel de la manzana
y la ceniza blanca, ya sin humo,
la miel sin muerte del romero, el rubio

gallo de pluma fina,
el arco iris de la piel de trucha,
el ámbar de los ojos y el aullido
del lobo de Sanabria,
la cocina y la anguila
de Navidad, la nata
y la harina pequeña...
Es la germinación bien soleada
de las ramas en rezo y desafío
entre bautismo y réquiem,
junto a dinero y sexo.
Ve la fulminación, la exhalación,
el sepulcro vacío y el sudario doblado,
la sábana de lino,
la reverberación de la resina,
de la mirra y el áloe
en el cuerpo desnudo ya sin tiempo
como polvo estelar y profecía,
como un temblor de manantial nocturno
violeta y azul.

Esta casa, esta noche
que se penetran y se están hiriendo
con no sé qué fecundidad, qué agua
ciega de llama
con transparencia y transfiguración,
con un silencio que no veré nunca.

¡Canten por fin las puertas y ventanas
y las estrellas olvidadas, cante
la luz del alma que hubiera querido,
lo volandero que es lo venidero
como canto de alondra en esta noche
de la mañana de San Juan y suene
la flauta nueva de las tejas curvas
en la casa perdida;
suene el olor a ala y a pétalo de trébol,
y la penumbra revivida, suenen
el arpa y el laúd junto al destello
de las sábanas, junto
al ojo y la yema
de un solo de violín, ágil de infancia;
suenen la escala, el tiempo, los arpegios,
los nudos y las cuerdas, la resonancia seca
de cada mueble y de cada sueño,
los anillos de polvo y la madera
de la familia a oscuras,
la danza de las voces, el tañido
de la traición!
Suene por fin este aire de planicie
hasta que se abra la mañana entera,
hasta que ahora se abra, se está abriendo
no sé qué gratitud,
qué crueldad en flor.

Esta casa, esta noche...
Dejadme en paz. Adiós. Ya es nuevo día.

NUEVO DIA

Después de tantos días sin camino y sin casa
y sin dolor siquiera y las campanas solas
y el viento oscuro como el del recuerdo
llega el de hoy.

Cuando ayer el aliento era misterio
y la mirada seca, sin resina,
buscaba un resplandor definitivo,
llega tan delicada y tan sencilla,
tan serena de nueva levadura
esta mañana...

Es la sorpresa de la claridad,
la inocencia de la contemplación,
el secreto que abre con moldura y asombro
la primera nevada y la primera lluvia
lavando el avellano y el olivo
ya muy cerca del mar.

Invisible quietud. Brisa oreando
la melodía que ya no esperaba.
Es la iluminación de la alegría
con el silencio que no tiene tiempo.
Grave placer el de la soledad.
Y no mires al mar porque todo lo sabe
cuando llega la hora
adonde nunca llega el pensamiento
pero sí el mar del alma,
pero sí este momento del aire entre mis manos,
de esta paz que me espera
cuando llega la hora
—dos horas antes de la medianoche—
del tercer oleaje, que es el mío.

MANUSCRITO DE UNA RESPIRACION

«Y la respiración que es hondo espía
me trasluce y traspasa
no sé qué resplandor. Me está esperando
con taller y con lápida
desde el vértigo mismo de la hoja del pulmón
hasta la vena ciega
y me hiere y me ayuda
tierna en su fibra, bien cocida en limpio,
y me hilvana y me cose
con polen de la luz junto al encaje
del hilo blanco y duro del ahogo,
del suave del suspiro
mientras el cuerpo se va yendo a solas.
¿Es que voy a vivir después de tanta
revelación?

»La cama me remueve y me depura
con olor muy de marzo,
con mirada de lluvia entre los pliegues

de la sábana y un
roce de lana virgen.
La oscuridad del tórax, la cal de uva del labio,
la penumbra del hueso y la penumbra
de la saliva,
la médula espinal mal sostenida
por sus alas que duelen
cuando comienza a clarear y llega
un temblor de inocencia.

»La pared medianera
me da como salud, fiebre por gracia,
un desvanecimiento, un nacimiento.
¿Y quién me llama a través de ella, quién
me ha escogido, quién
me está pidiendo algo y no se entrega?
Y tú te me vas yendo,
vas y vienes y vas y estás como perdida,
como huida de nuevo .
en el momento que no tiene tiempo,
y vives otra vida, a lo mejor la mía,
de un sueño en cacería que no cura
y ya no espera más, está esperando
el fruto.

»Aviva el vuelo cuando ya no hay viento
aunque te vayas y no vuelvas, aunque
me pidas y te dé. Ya estás sintiendo
cómo se mecen, cómo se cimbrean
suavemente los olmos, hoja a hoja,
en las riberas de la amanecida,
con la precocidad del sufrimiento;
estás sintiendo ahora
este aire de meseta, el que más sabe,
el de tu salvación que no se oye
porque tú eres su música.
Y estás sintiendo cómo
la mayor injusticia de la vida
es el dolor del cuerpo, el del espíritu
se templa con espíritu. Y me sanas,
y yo te doy las gracias por venir
tan delicada que casi te veo.
¿Y qué voy a saber si a lo mejor mañana
es la mañana?»

INTERLUDIO MAYOR

EL ROBO

A Philip Silver

... il fiume,
le zaffiri...

I

Ahora es el momento del acoso,
del asedio en silencio,
del rincón de la mano con su curva
y su techumbre de codicia. Ahora
es el momento de esta luz tan tenue,
alta en la intimidad del frío seco,
de este marzo tan solo.
Y hay que pagar el precio, la subasta y el fraude
porque tú has prometido y no has vendido,
y no has sabido lo que se presiente:
la aventura en secreto, la destreza
de tanta duda.
Es el recuerdo ruin y luminoso
y la mano entreabierta con malicia y rapiña
y los dedos astutos ya maduros
con el temblor de su sagacidad.
Es cuando el tacto brilla con asombro y con vicio,
la mirada al trasluz,
la encrucijada a oscuras del dinero.

Es la orfandad del cuerpo que no sabe
ser aún pobre ladrón, sin beneficio.

El aceite es muy íntimo y rebelde,
tan sospechoso como el pulso. Déjalo,
deja que se resbale y que se esconda,
deja que nos ampare y nos anime,
déjalo que me acuse
del delito.
Tú recuerda cómo antes un olor a castaño,
a frambuesa, a cerezo, a caña dulce,
a la armonía de la ropa al raso
te alumbró, te dio techo, calle, adivinación
y hasta hoy libertad
entre perfidia y bienaventuranza.
Ahora es el momento de la llave,
de la honda cerradura. Acierta o vete.

Así, al acecho, entre los ladrones,
la incertidumbre de la soledad,
tanto delirio en manos
húmedas de oro,
con la prudencia de la encina oyendo
la señal de la liebre,
el raíl, el alambre
junto al cauce del río hoy muy templado,
te doy las piedras blancas del destino.

Grábalas con tu aliento
para que sepas que lo que has ganado
tú lo has perdido.

II

No lo has perdido. Espera.
Cualquiera sabe y menos ahora cuando
te has olvidado de entregar al aire
el alma,
y cuanto más respiras más se te va yendo
y te llama, y ya nunca...
Pero tu cuerpo y la uva moscatel
que es quemadura en luz,
la fiebre y la sorpresa,
aún te descubren, en alta intemperie
mientras los dedos suenan, se hacen ágiles
y hasta familiares con bóveda de humo.
¿Y tú qué esperas? ¿Qué temes ahora?
¿La claridad de nuevo, el riesgo, la torpeza
o la audacia serena de tu rebeldía
junto a la alevosía de la noche
y la estrategia de la sombra en niebla
de aquellas lilas que fueron tu ayuda
con olor a azucena

donde te refugiaste y poco a poco
huiste de tu muerte, de aquel crimen,
mientras vas...?
Tú bien sabes adónde y lo has sabido siempre.

Pero llega el dominio del oficio,
el del hierro solemne y el acero perverso,
los goznes decorados, la locura del clavo,
el ritmo cincelado
sin notarse la huella de la cruel soldadura,
y la cabeza del tornillo abriendo
el giro y el encaje
de la bisagra;
la lira de la llave, el astil taladrado y bien pulido,
iluminado entre los pliegues limpios
marcados por la luz, por el azufre,
por el humo de sal y de carbón.

Nadie ha vencido pero no te han dado
libertad sino honda
esclavitud.
Lo que es desgracia es descubrimiento
y nacimiento.
No es el dolor sino es el sacrilegio
entre el metal y el alma
mientras la alondra nueva canta en las heridas
secas y solas de la cerradura.

¿Y lo que buscas es lo que tú amas?
Tú calla y no recuerdes. ¡Y las llaves al mar!

III

No te laves las manos y no cojas arena
porque la arena está pidiendo noche,
la desnudez del sueño,
grano de mirto.
Buscaste casa donde no hubo nadie,
cerca del río,
pero el destino había ya hecho duro
resplandor en las alas de la infancia.
Tú vas por el camino, que es el del sufrimiento,
de la ilusión, de la ambición, tortura,
con el trastorno de la lejanía.
Eres ladrón. Espera.
Mira el lirio del valle, los pinares
entrando en la ciudad cuando hoy apenas
hay tráfico, alarma
de policía.
Cada paso que des es peligroso
entre escombros y ruinas donde crece la malva
tan impaciente como
la media luna delicada en nácar

de la uña tocada,
del juego de la yema de los dedos.
Sigue con calma y llega hasta el altar,
llega furtivo en danza
hasta la plata viva, hasta el oro del cáliz,
hasta el zafiro y hasta la esmeralda;
llega hasta tu saliva que maldice,
suave y seca, a tu cuerpo.

Y fluye el Duero ilusionadamente...
Estás llegando a tanta claridad
que ya ni ves que está la primavera
sobria en los chopos ahí enfrente. Pero
¿tú qué te has hecho?
¡Si has tenido en tus manos
la verdad!
No has podido salir de la marea
de esta ventana milagrosa y cierta
que te ahoga y te ahorca.
La erosión de la piedra,
eres tú,
solo y ocre en el ábside.
¡Pero si eres tú mismo, tú, con la agria
plasticidad de proa de tu rostro
siglo a siglo, día a día,
en transfiguración!
Tú, con tu vida entera

que despierta y que llama a la ciudad
mientras está cantando por las calles
la mañana que roba a la mañana,
tanto tiempo que roba hasta al amor
y hasta a mí mismo, sin saber quién eres,
viejo ladrón sin fuga.
¡Si estás vivo, estás vivo! Enhorabuena.

DE AMOR HA SIDO LA FALTA

Aquí ya está el milagro,
aquí, a medio camino
entre la bendición, entre el silencio,
y la fecundación y la lujuria
y la luz sin fatiga.
¿Y la semilla de la profecía,
la levadura del placer que amasa
sexo y canto?
Esta noche de julio, en quietud y en piedad,
sereno el viento del oeste y muy
querido me alza
hasta tu cuerpo claro,
hasta el cielo maldito que está entrando
junto a tu amor y el mío.

«THE NEST OF LOVERS»

(Alfriston)

Y llegó la alegría
muy lejos del recuerdo cuando las gaviotas
con vuelo olvidadizo traspasado de alba
entre el viento y la lluvia y el granito y la arena,
la soledad de los acantilados
y los manzanos en pleno concierto
de prematura floración, la savia
del adiós de las olas ya sin mar
y el establo con nubes
y la taberna de los peregrinos,
vieja en madera de nogal negruzco
y de cobre con sol, y el contrabando,
la suerte y servidumbre, pan de ángeles,
quemadura de azúcar, de alcohol reseco y bello,
cuando subía la ladera me iban
acompañando y orientando hacia...

Y yo te veo porque yo te quiero.
No era la juventud, era el amor

cuando entonces viví sin darme cuenta
con tu manera de mirar al viento,
al fruto verdadero. Viste arañas
donde siempre hubo música
lejos de tantos sueños que iluminan
esa manera de mirar las puertas
con la sorpresa de su certidumbre,
pálida el alma donde nunca hubo
oscuridad sino agua
y danza.

Alza tu cara más porque no es una imagen
y no hay recuerdo ni remordimiento,
cicatriz en racimo, ni esperanza,
ni desnudo secreto, libre ya de tu carne,
lejos de la mentira solitaria,
sino inocencia nunca pasajera,
sino el silencio del enamorado,
el silencio que dura, está durando.

Y yo te veo porque yo te quiero.
Es el amor que no tiene sentido.
El polvo de la espuma de la alta marea
llega a la cima, al nido de esta casa,
a la armonía de la teja abierta
y entra en la acacia ya recién llovida
en las alas en himno de las gaviotas,

hasta en el pulso de la luz, en la alta
mano del viejo Terry en su taberna mientras
toca con alegría y con pureza
el vaso aquel que es suyo. Y llega ahora
la niña Carol con su lucerío,
y la beso, y me limpia
cuando menos se espera.

Y yo te veo porque yo te quiero.
Es el amor que no tiene sentido.
Alza tu cara ahora a medio viento
con transparencia y sin destino en torno
a la promesa de la primavera,
los manzanos con júbilo en tu cuerpo
que es armonía y es felicidad,
con la tersura de la timidez
cuando se hace de noche y crece el cielo
y el mar se va y no vuelve
cuando ahora vivo la alegría nueva,
muy lejos del recuerdo, el dolor solo,
la verdad del amor que es tuyo y mío.

MOMENTO DE RENUNCIA

Ahora me salen las palabras solas
y te estoy esperando
junto al viento envidioso de la luz,
muy cerca de la plaza. Y estoy viendo
los tobillos recién amanecidos
sonando a horno. Es la primera curva
querida, vena a vena,
antes de entrar en el misterio. Cómo
se me está abriendo el día. Y es por vuestras
caderas hondas nunca por los muslos,
ese olor a sobaco que madura
con sudor que yo quiero y huele a trigo
salino, a brea, a fiebre de madera,
a ilusión de la infancia
fácil de despertar como a los hombros
risueños, pero astutos,
color de ala de aquella paloma
que vuela por la plaza
remontándose en giro de lujuria.

En esta plaza de dorado espacio
donde la piedra danza con su sombra
llega el placer de todos los sentidos,
y la visitación de benavides,
y la alegría de la carne, el puro
cuerpo festivo cuando canta el gallo
a lo oscuro,
y el trino ágil del pezón moreno,
y el ombligo que aclara
tanto beso y ya tanta
noche de las rodillas como desamparadas,
con tristeza y con lirio,
y el humo hueco de la piel perdida
sin lunares ni asilo,
y la lascivia limpia de los ojos
con mil mentiras en cada mirada
esbelta de dinero y de aguamiel,
y los labios sin bridas y sin pétalos,
y el pelo que reluce,
suelto y bravío,
y el resplandor de la renuncia…

Desde esta plaza a cielo descubierto
que es manantial y se oye
el ansia viva en cada movimiento
estoy perdiendo cada vez más alma

aunque gane en sentido.
Estoy cantando lo que nunca es mío.
Quiero hacer cuerpo luz,
música de la luz, concha y vidriera.
Y la imaginación ya tiene viento,
el pensamiento tiene ya tempero,
el sueño aún duda pero se hace claro
con la vivacidad del frío límpido
que templa hondo desde las riberas
del Tormes. Basta sólo
la mañana sin fin que entra y desea
en vuestro cuerpo que es el mío. Basta
la verdad misma, una emanación.
Bajo mi cara más, ya sin distancia.
Hay que limpiar el aire y hay que abrir
el amor sin espacio,
gracia por gracia y oración por vicio.
Y me dejo llevar, me estáis llevando
hacia la cita seca, sin vivienda,
hacia la espera sin adiós, muy lejos
del amor verdadero, que es el vuestro.

LAMENTO A MARI

Casi es mejor que así llegue esta escena
porque no eres figura sino aliento.
La primavera vuelve mas no vuelve
el amor, Mari. Y menos mal que ahora
todo aparece y desaparece.
Y menos mal que voy tan de mañana
que el cuerpo no se entrega, está perdido.
¿Es lo que fue, lo que es, lo que aún espera
remordimiento, reconciliación
o desprecio o piedad? Y ya no hay celos
que den savia al amor, ni ingenuidad
que dé más libertad a la belleza.
¿Quién nos lo iba a decir? ¿Y quién sabía,
tras la delicadeza envejecida,
cuando ya sin dolor no hay ilusión,
cuando la luz herida se va a ciegas
en esta plaza nunca fugitiva
que la pureza era la pureza,
que la verdad no fue nuestra verdad?

¿Quién buscó duración? ¿Quién despedida?
Ya no hay amor y no hay desconfianza,
salvación mentirosa. Es la miseria
serena, alegre, cuando aún hace frío
de alto páramo, Mari, y luce el día
con la ceniza en lluvia, con destello
de vergüenza en tu cara y en la mía,
con sombra que maldice la desgracia.
¡Qué temprano, qué tarde, cuánto duran
esta escena, este viento, esta mañana!

CON LOS CINCO PINARES

Con los cinco pinares de tu muerte y la mía
tú volverás. Escucha. La promesa besada
sobre tu cicatriz sin huella con racimo en silencio
nos da destino y fruto en la herida del aire.

Si yo pudiera darte la creencia y los años,
la visión renovada esta tarde de otoño
deslumbrada y segura sin recuerdo cobarde,
vileza macilenta, sin soledad ni ayuda...

Es el amor que vuelve. ¿Y qué hacemos ahora
si está la alondra de alba cantando en la resina
de los cinco pinares de tu muerte y la mía?
Fue demasiado pronto pero ahora no es tarde.

¡Si es el amor sin dueño, si es nuestra creación:
el misterio que salva y la vida que vive!

SEGUNDO INTERLUDIO DE ENERO

UN BRINDIS POR EL SEIS DE ENERO

Heme aquí bajo el cielo,
bajo el que tengo que ganar dinero.
Viene la claridad que es ilusión,
temor sereno junto a la alegría
recién nacida
de la inocencia de esta noche que entra
por todas las ventanas sin cristales,
de mañana en mañana
y es adivinación y es la visión,
lo que siempre se espera y ahora llega,
está llegando mientras alzo el vaso
y me tiembla la mano, vida a vida,
con milagro y con cielo
donde nada oscurece. Y brindo y brindo.
Bendito sea lo que fue maldito.
Sigo brindando hasta que se abra el día
por esta noche que es la verdadera.

BALADA DE UN TREINTA DE ENERO

Alguien llama a la puerta y no es la hora.
Algo está cerca, algo se entreabre.
¿Y cómo la creencia se está haciendo
misteriosa inocencia,
momento vivo cuando aún los años,
en rebeldía, enseñan
soledad o placer? Desde estas piedras
que se estremecen al juntarse igual
que cruz o clavo
de cuatro puntas,
¿se oye la señal?
¿Se oye cómo el agua
se está hablando a sí misma para siempre?

Y oigo las aristas de la espiga,
el coro de los sueños y la luz despiadada,
preso de tanta lejanía hacia
el viento del oeste y el polvo del cristal,
la pobreza en ceniza,

tanta alegría hacia la claridad,
tanta honda invernada.
Y el cuerpo en vilo
en la alta noche que ahora
se ve y no se verá
y no tendrá respiración siquiera.

Y los niños jugando a nieve y nieve en la plaza
    del aire,
con transparente redención.
El tiempo, la traición de óvalo azul,
de codicia y envidia,
y esta pared con sombra.
Esta señal certera, esta llamada,
este toque con calma ya maduro.
¡Y qué iba yo a saber si estaba ahí
llamando puerta a puerta, entre las calles,
muy descaradamente,
con el deslumbramiento de las manos
hoy tan huecas y vivas,
con escayola! No he tenido tiempo.
Es el día, es el día.
Y la madera aérea, con granizo,
y las heridas del cristal heladas,
el latido de enero y el frío luminoso.

Alguien llama a la puerta. Doloroso
es creer. Pero se abren
de par en par las palmas de las manos;
los nudillos gastados
piden, cantan
en el quicio que es mío este treinta de enero,
y el dintel sin malicia
con la fragilidad del sueño arrepentido
entre las ramas bajas del cerezo.
Ya todo se va alzando. Y estoy viendo
una crucifixión de espaldas. Huelo ahora
a esta resina, a este serrín sin polvo.

Es ahora la hora. Y qué más da.
Sea a quien sea sal y abre la puerta.
¿Al mensajero de tu nacimiento?

NUNCA VI MUERTE TAN MUERTA

LOS ALMENDROS DE MARIALBA

Las heladas tardías
entre un febrero poco a poco íntimo
y un marzo aún muy miedoso,
la rama noble tras la poda seca,
la nerviación de la hoja tierna como
el recuerdo sin quicios ni aleteos,
la templanza, el cultivo
con el aceite blanco del invierno,
¿todo es resurrección?

No se los ha llevado la crecida del río,
sin posible remanso, como entonces,
a estos almendros de Marialba. Ahora
es el prodigio enfrente, en la ladera
rojiza. Hay que mirarlos
con la mirada alta, sin recodos,
esperando este viento tan temprano,
esta noche marchita y compañera,
este olor claro antes

de entrar en el tempero de la lluvia,
en el tallo muy fino de la muerte.

Cuántas veces estuve junto a esta cuna fría,
con la luz enemiga,
con estambres muy dulces de sabor,
junto a estas ramas sin piedad. Y hoy
cómo respiro este deslumbramiento,
esta salud de la madera nueva
que llega germinando
con la savia sin prisa de la muerte.
Sin prisa, modelada
con el río benigno
entre el otoño del conocimiento
y el ataúd de sombra tenue, al lado
de estos almendros esperando siempre
las futuras cosechas,
¿todo es resurrección?

Nunca en reposo, almendros
de Marialba
porque la tierra está mullida y limpia,
porque la almendra está durando apenas
alta y temblando
con su fidelidad, su confianza,
muy a medida de las manos que ahora
se secan y se abren

a la yema y al fruto,
a la fecundación, a la fatiga,
a la emoción del suelo
junto a la luz sin nidos.
¿Todo es resurrección?

Hay un suspiro donde ya no hay aire,
sólo el secreto de la melodía
haciéndose más pura y dolorosa
de estos almendros que crecieron antes
de que inocencia y sufrimiento fueran
la flor segura,
purificada con su soledad
que no marchita en vano.
Y es todo el año y es la primavera
de estos almendros que están en tu alma
y están cantando en ella y yo los oigo,
oigo la savia de la luz con nidos
en este cuerpo donde ya no hay nadie
y se lo lleva, se lo está llevando
muy lejos y muy lejos,
allá, en el agua abierta,
allá, con la hoja malva,
el río.

SIN EPITAFIO

Levanta el vuelo entre los copos ciegos
de cada letra. Deja
a esta inocencia que se está grabando
en el centro del alma. Deja, deja
tanto misterio y tanta cercanía,
tanto secreto que es renacimiento.
La vida se adivina. Vete. Fue
esta armonía de dolor y gracia,
tanta felicidad que es la verdad
y ahora alumbra tu oficio
con su silencio fugitivo, en son
sereno como de agua a mediodía.
Levanta el vuelo. No entres
en este cuerpo entero:
donde está amaneciendo.

EL CRISTALERO AZUL

(La muerte)

«¡El cristalero azul, el cristalero
de la mañana!» Y te vas cojeando,
silbando. Entra en el baile
sin funeral, con son de nacimiento
hablando con los hombres pasajeros
cuando el camino llega hasta la cima
y lo invisible es transparencia en llama
como el olor a hoguera de noviembre.
Dentro de poco, ¿quién oirá siquiera
al girasol que nadie verá nunca?
Todo es oscuro pero tú eres clara.
La vida impura pero tú eres pura.
Entra con limpia audacia,
enterrada en tus alas,
entra en el baile,
en cada letra de este nombre, en esta
lápida que es secreto y sacrificio,
y fruto y salvación.
Los pliegues vivos de tu falda al viento

en oración y en himno
y tu cintura como agua de fuente,
cuando el amor apenas se ha perdido
pero vacila, y no se sabe, y toca,
¿van a darme piedad? Llega esta muerte
que es la primera y nada más en torno
a la desenvoltura de la fecha
con mirada inocente,
con el deslumbramiento de su huella
que seduce, en relieve
de lascivia y de espera.
¿Quién lo diría? ¿O es
la presencia del alma? Entra en el baile,
danza con cuerpo vivo,
con gracia altiva y bella,
dame la mano y deja
tu pañuelo en el aire.
Danza sobre esta lápida.
«¡El cristalero azul, el cristalero
de la mañana!»
Antes de que se oiga
la melodía inacabada ahí quedas,
ahí, muy sola, sola,
sola en el baile.

SOLVET SECLUM

No sé por qué he vivido tanto tiempo.
No me voy como huido
porque ahora estoy junto a los de mi mesa.
Es el agua, es el agua, la energía
y la velocidad del cierzo oscuro
con un latido amanecido en lumbre,
y la erosión, la sedimentación,
el limo ocre con arcilla fina
mientras llega la noche y su color,
en la medida luminosa, rápido
entra en el suelo,
en horizontes de la roca madre
y se hace casi azul,
verde claro y caliente
como de valle en música.

Es la disolución, la oxidación,
el milagro olvidado
cuando un copo de nieve quemó un cáliz

y la pobreza de la hoja nocturna,
y los cimientos y los manantiales,
la corrosión en plena
adivinación
y la aniquilación en plena creación,
entre delirio y ciencia.

El campo llano, con vertiente suave,
valiente en viñas...
Cómo el sol entra en la uva
y se estremece, se hace luz en ella,
y se maduran y se desamparan,
se dan belleza y se abren
a su muerte futura...
             ¡Si está claro
antes de amanecer!

El esqueleto entre la cal y el sílice
y la ceniza de la cobardía,
la servidumbre de la carne en voz,
en el ala,
del hueso que está a punto de ser flauta,
y el cerebro de ser panal o mimbre
junto a los violines del gusano,
la melodía en flor de la carcoma,
el pétalo roído y cristalino,
el diente de oro en el osario vivo,

y las olas y el viento
con el incienso de la marejada
y la salinidad de alta marea,
la liturgia abisal del cuerpo en la hora
de la supremacía de un destello,
de una bóveda en llama sin espacio
con la putrefacción que es amor puro,
donde la muerte ya no tiene nombre...

Es el último aire. ¡Ovarios lúcidos!
¿Y se oye al ruiseñor?
¿Dónde la cepa nueva,
dónde el fermento trémulo
de la meditación,
lejos del pensamiento en vano, de la vida
que nunca hay que esperar
sino estar en sazón
de recibir, de hijos
a hijos, en la aurora
del polen?

SECRETA

Tú no sabías que la muerte es bella
y que se hizo en tu cuerpo. No sabías
que la familia, calles generosas,
eran mentira.

Pero no aquella lluvia de la infancia,
y no el sabor de la desilusión,
la sábana sin sombra y la caricia
desconocida.

Que la luz nunca olvida y no perdona,
más peligrosa con tu claridad
tan inocente que lo dice todo:
revelación.

Y ya no puedo ni vivir tu vida,
y ya no puedo ni vivir mi vida
con las manos abiertas esta tarde
maldita y clara.

Ahora se salva lo que se ha perdido
con sacrificio del amor, incesto
del cielo, y con dolor, remordimiento,
gracia serena.

¿Y si la primavera es verdadera?
Ya no sé qué decir. Me voy alegre.
Tú no sabías que la muerte es bella,
triste doncella.